Dieses Buch ist

vor allem

der älteren

Generation gewidmet.

Ab 50 braucht man

mehr Humor, um zu

überleben.

ALT

MIT

HUMOR

Bibliografische Information der Deutschen
Nationalbibliothek:
Die Deutsche Nationalbibliothek verzeichnet
diese Publikation in der Deutschen
Nationalbibliografie; detailliere bibliografische
Daten sind im Internet über www. dnb.de
abrufbar.

Herstellung und Verlag:
BoD-Books on Demand, Norderstedt

ISBN 978-3-7386-4942-0

Bildnachweis:: Fotolia, Archiv Pütz

Inhalt

Vorwörtchen

Humor ist bekanntlich, wenn man trotzdem lacht. Nun ist das Alter kein Zustand, der unbedingt bedauernswert ist und nur eine „Trotzdem-Haltung" das Leben noch erträglich macht. Ohne Zweifel bringt aber das Alter vielfältige Veränderungen mit sich. Diese sollte man mit Gelassenheit hinnehmen. Dazu kann auch Humor sehr hilfreich sein.

In diesem kleinen Buch finden Sie rund um das Alter humvolle Reime, Witze und andere Kurztexte, die ihnen hoffentlich Spaß beim Lesen machen.

Heinz C. Pütz

HUMOR GEGEN STRESS IM ALTER

Es gibt für Senioren viele
Möglichkeiten, den Alltag
zufriedener und
ausgeglichener zu bestreiten.
Ganz besimmt gehört Humor
mit dazu. Dieser erfordert
allerdings die richtige
Einstellung. Hierzu muß
man an sich „arbeiten".

Echter Humor ist
tiefgreifend und bedeutet
eine positive Sicht sowie eine
weitsichtigere Bewertung
von Situationen.
Humor - oft in Verbindung
mit Lachen - schreibt man
die folgenden
Wirkungen zu:
• Stimmungsaufhellung

- Mehr Ausgeglichenheit
- Raschere Bewältigung von Ärger und Frust
- Förderung der Kreativität
- Reduzierung von Stress
- Senkung von Stresshormonen über die „Glückshormon-Produktion" Endomorphine
- Stärkung des Immunsystems
- Entspannung der Muskulatur und des vegetativen Nervensystems
- Kräftigung des Herzmuskels
- Mögliche Senkung des erhöhten Blutdrucks

Viele Ereignisse im Alltag kann man humorvoll und dadurch entspannt sehen. Ein simples Beispiel:

Stellen Sie sich vor, Sie würden ihre Mitmenschen beim Seniorentreff, Arzt, Einkauf oder in der Bahn alle mit Pappnasen sehen. Mit Sicherheit fühlten Sie sich gelockerter und entspannter.

Viele Ereignisse kann man aus einem gelockerten Blickwinkel betrachten und damit Stimmung und psychischen Zustand verbessern. Vermeiden Sie möglichst, den Kontakt mit „trüben Tassen". Denn leider gibt es davon nur allzu viele.

REIMLICHES

ALTER HAT WAS

Rollator

Der Rollator ist ein tolles
Ding
Man ist beim Laufen wieder
King
Als Stütze
Ist er nütze
Beim Laufen
zum Verschnaufen
Zielstrebend überwinden
Senioren nun Distanzen
statt strampelnd umher zu
tanzen
manche haben sogar
erotisch was drauf
mit den Stärkungsmitteln
vom Aldi-Kauf

Klagen

Ich hab Rücken
Ich hab Blutdruck
Ich hab Zucker
Ich hab Rheuma
Ich hab Alter

Geldanlage

Rentner Paul grübelt über
seine Geldanlage
Die beste zu finden ist hier
die Frage
Auch welche Zinsen werden
abgedrückt
entscheidet ob er enttäuscht
ist oder entzückt
Seine Bank versucht ihn zu
beraten
aber er traut nicht ihren
Daten

Er will sich selbst informieren
und gern auf viele Infos
stieren
letztlich will er sein
Vermögen erhalten
und clever seine 530 Euro
verwalten

Kalorien

Senioren müssen genau
beachten
Mit welchen Kalorien sie sich
befrachten
Der alternde Body braucht
klugen Rat
und braucht nicht nur Salat
Es kann auch durchaus
anderes sein
Hauptsache man schaufelt
nicht alles rein

Kluge Tipps sind aber oft
auch Stuss
Denn wichtig ist immer der
Genuss

Ein Kuss

Opa denkt - soll er es wagen
Oma nach einem Kuss zu
fragen
vielleicht ist sie davon
entzückt
oder erklärt ihn für verrückt
Früher ging das alles schnell
ad-hoc
da griff er auch mal unter
den Rock
Bei Grufties schießt Amor
selten mit dem Pfeil
denn die sind nur noch
selten geil

Kuss hin, Kuss her
Opa hat es schwer
Vielleicht ist ihm nach der
Zwiebelsuppe
auch das Küssen nunmehr
schnuppe

Fremdwörter

Bei vielen Begriffen sind
Senioren frustriert
Die Sprache scheint deutlich
deformiert
Anglizismen sind oft Grund
zum klagen
Kann man es nicht auf
Deutsch auch sagen?
Key account, Sale, tool oder
outlet
Ranking, skills, voucher oder
thinkpad

Das muss man erst mal klar
kapieren.
Sonst geht das einem an die
Nieren
früher war die Sprache klar
und Fremdwörter rar
da ging man zum Friseur
und nicht zum Haircutter
oder Coiffeur

Elektronik

Viele Oldies sind heute up-to-
date
und kennen sich aus mit
elektronischem Gerät
Anderen geht das auf den
Senkel
Sie fragen lieber ihre Enkel
Sie ersetzen mit einem Klick
Opas Missgeschick

Egal ob I-pod, facebook oder
twitter
Nur bei action wird man
fitter
Wer aber alles
Schnickschnack nennt
Der hat die Zeit verpennt

Langeweile

Als Rentner wacht man
morgens auf
und ist nicht immer super
drauf
Die Knochen muss man noch
sortieren
Und im Kopf den Tag
arrangieren
Die Lust ist oft weit in der
Ferne

gern läg man noch im Bett
so gerne
Auf Neues wär man schon
erpicht
Aber das ist meist nicht in
Sicht
So läuft oft alles im alten
Trott
Und der Tag geht nur
schwerlich fott
Schön wäre mal ein tolles
Event
Statt dass man vor der Glotze
pennt
Ein Liebesabenteuer
Mit loderndem Feuer
Eine Sauftour durch die
Gemeinde

Das macht Freunde und
keine Feinde
Oder ab und zu
eine Orgie dazu
zur Not reicht um den Frust
zu stoppen
und das ist einfach nicht zu
toppen
ein großer Krach mit
anderen Leuten
die sich auch vor Streit nicht
scheuten
wo die Fetzen fliegen
Und sich alle lauthals
bekriegen
Jeder kriegt sein Fett
Und abends liegt man
zufrieden im Bett

Wandel

Bei Oldies ist man erstaunt
zu konstatieren
Im Alter ändern sich
Ansichten und Manieren
Was früher das Gemüt in
Wallung brachte
Bewirkt Reaktionen nur
ganz sachte
War man rechts, so jetzt links
In der Politik und in
anderen Dings
War man früher flott
Geht heute alles im lahmen
Trott
War man oft wütend wie ein
Wilder
Sieht man heute alles milder

Achtete man früher auf gute
Klamotten
Freuen sich jetzt daran die
Motten
Auch sah man gute
Manieren
statt sich wie heute zu
blamieren
Es soll aber besser werden
ist man erst mal unter den
Erden
denn im Himmel blüht man
wieder auf
da schaut auch keiner
genau mehr drauf

Organspenden
Alte Knacker taugen nicht
zum Samenspenden

Worum sollte man die
ranzigen Spenden
aus den Lenden auch
verwenden?
Auch die Organe geben
Kaum was her
Sie arbeiten meist schwach
und leiden sehr
Der Empfänger würde wohl
verenden
würde man sie verwenden
was bleibt ist ein bisschen
Geist
Ob sich aber darum einer
„reisst"

Träume

Als Jüngling konnte Karl
Meilen rennen

Jetzt will er meist nur vor der
Glotze pennen
Früher war sein Anblick eine
Wonne
Jetzt reicht es eigentlich für
die Biotonne
Rückschau ist ein übel Ding
Da war man halt öfter King
Ein Trost ist allerdings sehr
willkommen
Wohlige Träume werden
einem nicht genommen

Autonarr
Albert wollte mit seinen 80
Jahren
weiter mit seinem Opel
fahren
dabei aufs Tacho stieren
und Ampeln ignorieren

öfter hat er eine Fahrt
versaut
und fuhr nur um einen
Roundabout
Zebrastreifen nahm er im
Galopp
manchmal machte es auch
„Plopp"
Eines Tages zeigten die
Reifen ein Malheur
Seitdem ist er bei Petrus der
Lieblingschauffeur

Liebling Opa
Viele Enkel finden Opas
megageil
Sie machen für sie die Welt
wieder heil
Sie sind milder und nicht so
streng

25

als Väter, die machen schnell
mal peng peng
und maulen öfter und
verbieten
und sagen die Kinder seien
Nieten
Opas lassen sich Zeit und
bekommen gute Noten
Dafür wird von ihnen auch
viel geboten
Wird der Opa aber senil
Ist er allen schnell zuviel
Schönheit
Im Alter gehen manche Frau
ungern an die Luft
Denn die Schönheit der
Jugend ist verpufft
Jedes Alter hat aber seinen
Glanz

Nur glauben das viele nicht
so ganz
Schön ist nur was andere
entzückt
Von leicht erregt bis voll
entrückt
spricht ein Mann zum
Beispiel charmante Worte
und flirtet in einem forte
dann fühlt sich auch eine
Greisin wieder jung
und hat trotz Falten wieder
Schwung

Weisheit

„Im Alter ist man weise und
hat viel Wissen"
Diese Meinung ist aber sehr
beschissen
Viele sind nur Fachidiot

Sonst ist die Bildung tot
Weisheit verlangt eine
besondere Statur
Die haben aber wenige nur
Was zählt ist ein Mensch mit
Empathie und Humor
Das ist Weisheit, die geht
einem Haufen Wissen vor

Leber

Früher konnte man viel
vertragen
Die Leber wagte nicht zu
klagen
Selbst nach dem größten
Saufen

brauchte man kein Aspirin
zu kaufen
Heut selbst beim kleinsten
Sekt

Werden die Leberwerte
angeeckt
beim kleinsten
Bommerlunder
macht die Leber eine Flunder
Nun ist Wasser der letzte
Schrei
Denk ich an früher: owei,
owei

Hören

Oft hört man die Alten
klagen
Der Gehörgang würde grob
versagen
Sie hörten kaum noch
Bienen summen
Und nur noch Laster
brummen

Doch sollte man das anders
sehen
und seine Meinung drehen
Dummes Geschwätz kann
man gut vermissen
Das meiste ist ohnehin
beschissen
Gutes kommt auch ohne
Worte aus
Vor allem das Bierchen und
der Sonntagsschmaus

Geldsack

Alte mit krummem Rücken
können Junge nicht
entzücken
machen die aber den
Geldsack auf
Interessiert man sich für sie
zuhauf

Gern werden Scheinchen kassiert
Kleine Sümmchen nach oben korrigiert
Zum Danken bleibt oft wenig Zeit
. das ist ein altes Leid

Kennzahlen

Alte merken sich ungern jede Nummer
Das macht den meisten sehr viel Kummer
Ob Handy, Versicherung oder Geldautomat
Ohne richtige Eingabe erfolgt keine Tat
Passwort, Kundenummer oder geheime Zahl

Das Kennzahlengestrüpp
wird echt zur Qual
Es könnte doch wesentlich
einfacher sein,
gäb man nur seinen
Spitznamen ein

Rauchspass

Sein Pfeifchen soll Otto nicht
mehr rauchen
Das kann sein Herz nicht
mehr gebrauchen
Ohne Qualm ist ihm mies
Wenn man ihn doch nur ließ
Jetzt pfeift er vor sich hin
„Ich weiß garnicht mehr wer
ich bin -
das Leben hat keinen Sinn"

Boxspringbett

Ein altes Paar wollte sich
besser betten
Und sich in die Moderne
rüberretten
Dazu gehörten auch
Boxspringbetten
Jüngere hatten hierauf
einen Heidensßpaß
Mal bescheiden, mal im
Übermaß
Nach langer Suche und
erfolgtem Kauf
Warfen Heid und Hans sich
munter drauf
Aber in den Nächten ergab
es sich
Mit der Liebe war es so tolle
nich

Oft fiel man aber runter
Da war man wieder munter

Schlaflos

Gern würde man eine ganze
Nacht durchschlafen
ankern in einem sicheren
und ruhigen Hafen
doch der volle Schlaf ist nur
ein Traum
denn anhaltend ist er kaum
Oft liegt man nur wach
wie am lichten Tag
Denkt über das Sein des
Seienden nach
warum man ist und sich den
Arm mal brach
Die Augen fallen dabei nicht
mehr zu
zu der gewünschten Ruh

Dankbar wäre man oft um
halb vier
wäre ich doch ein
Murmeltier

Flimmergroll

Wenn die Flimmer Talks oder
allzu Kluges zeigt
oft bei Karl-Otto der Unmut
steigt
er kommt nicht bei allem mit
denn oben ist er nicht mehr
super fit
auch Krimis erfordern ganze
Konzentration
beim Verstehen ist oft
Endstation
der Ablauf ist oft diffus und
kompliziert

so dass er schnell die Lust
verliert
früher waren Filme klar und
gemütlich
er ist daher voller Groll -
diesbezüglich

WITZE

ÜBER

SENIOREN

Kurz und knapp

Frage von Oma an ihren 10-jährigen Enkel: „Wie hat denn der FC Köln gespielt?" „Null zu Null". Oma: „Und in der ersten Halbzeit?"

Die Idealwerte für einen Frauenschwarm: 80-20-42 = 80 Jahre, 20 Millionen auf der Bank und 42 Grad Fieber.

Gertrud erzählt ihrer Enkelin Nadine: „Gestern war ich mit Opa im Ausverkauf!" Nadine: „Und bist du ihn losgeworden?"

Fragt Enkelin Lea ihren Opa: „ Sag mal, warum hast du

Oma geheiratet?" Dieser
wendet sich an seine Frau:
"Hörst Du, Monika, nicht
mal unsere Enkelin versteht
das!"
Was denkt eine Frau nach 40
Jahren Ehe, wenn sie in den
Spiegel schaut? " Geschieht
ihm recht ".

Warum Vergesslichkeit
im Alter eine Wohltat ist:
1. Man kann ständig die
gleiche Zeitung lesen
2. Man lernt ständig wieder
neue Menschen kennen
3. Es gibt keine
Wiederholungen im
Fernsehen mehr

Die junge Mutter: „Wir werden unser Kind nach dem Großvater benennen!"
Der Vater: „Bist Du verrückt, das Kind kann doch nicht Tatterich heißen!"

Was ist ein Klasse- Ehemann? Der mit 65 stirbt, damit seine Witwe noch was vom Leben hat.

Fragt Klein-Leon seinen Opa Heinz: „Opa, was ist ein Vakuum?" Opa: „Leon, ich hab`s im Kopf, aber ich komme nicht drauf!"

Der tägliche Stress

Ein junger Mann sieht eine faltige verschrumpelte Frau, die zufrieden lächelnd in ihrem Schaukelstuhl sitzt. Er fragt neugierig: „Pardon, Sie sehen so glücklich aus. Was ist das Geheimnis ihres Lebens?" Antwort der Frau:" Ich rauche jeden Tag 70-80 Zigaretten, trinke eine Flasche Whisky, bewege mich kaum und vernasche jede Menge junger Männer.... und das mein ganzes Leben lang!" „Das gibt es doch nicht", wundert sich erstaunt der Mann. "Darf ich fragen wie alt Sie sind?" „Vierunddreißig!"

Eine schwerhörige Rentnerin sitzt auf der Parkbank. Ein Mann kommt vorbei und sagt: „Die Bank ist frisch gestrichen!" Die Oma: "Wie?" Er:„Braun!"

Eine 70-Jährige möchte sich einer Schönheitsoperation unterziehen. Sie sucht einen Spezialisten auf und fragt nach dem Honorar. „Rund 8.000 bis 10.000 Euro wird es schon kosten", sagt der Chirurg. „Das übersteigt meine Verhältnisse", sagt die Dame, „Gibt es denn keine

preiswertere Möglichkeit?"
„Doch", meint der
Fachmann, „einen Hut mit
Schleier!"

Ein Sechzigjähriger will eine
30-Jährige heiraten. Sein
bester Freund rät ihm ab.
„Denk doch mal darüber
nach: Nach 10 Jahren bist
du 70 und sie 40. Nach
weiteren 10 Jahren bist du
achtzig und sie 50. Mit 90 ist
sie 60. Was willst du dann
mit so einer alten Frau?"
Die Mutter blättert im
Familienalbum. Kommt
Julian und wirft auch einen
Blick auf die alten Bilder.
"Wer ist denn der Mann da

auf dem Bild?" "Aber Julian, erkennst Du den nicht, das ist doch Opa. "So was, sagt Julian, und wer ist denn der fette, miesgrämige mit der Glatze, der bei uns wohnt?"

Sitzt im Zug ein Geschäftsmann neben einer älteren Oma. Die zieht einen großen Beutel mit Haselnüssen aus der Tasche und bietet dem Geschäftsmann welche an. Der langt ordentlich zu. Entschuldigend erklärt er, dass er Nüsse für sein Leben gern isst. Die Oma: "Ach wissen Sie. Ich esse gern Nussschokolade seit ich klein war. Nur die Nüsse, die kann ich nun einfach nicht mehr beißen. Die spuck ich aus und heb sie für meine Eichhörnchen zu Hause im Garten auf."

Eine ältere Dame kommt in einen Zooladen und schaut sich um. Vor dem lauten Papageienkäfig bleibt sie stehen und fragt: „Na, du kleiner bunter Vogel, kannst Du auch sprechen?" Darauf der Papagei: „Na, du alte Krähe, kannst Du auch fliegen?"

Ein Opel wird wegen überhöhter Geschwindigkeit beim Überqueren einer

Kreuzung angehalten. Am Steuer eine Dame mit Hut. Der Polizist: " Was denken sie sich denn, dass sie mit 80 über die Kreuzung rasen?" "Nicht doch, Herr Wachtmeister. Das ist nur der Hut, der mich so alt macht."

Auf einem Kölner Wochenmarkt preist lautstark ein Marktschreier eine neuartige Wundercreme an, die Frauen 40 Jahre jünger machen und alle Falten entfernen soll. Kommt eine 80-Jährige vorbei, schaut skeptisch und fragt: „Stimmt das denn auch, wirkt die wirklich so wie Sie

sagen, man wird schließlich soviel übers Ohr gehauen?"
„Wie können Sie hier noch fragen, junge Frau, es handelt sich um das neueste Produkt der Wellnesforschung" und wendet sich an seine 19-jährige Verkäuferin: „Oma, gib der Dame mal eine Großpackung!!"

Oma & Opa waschen sich. Die Oma sprüht sich ganz dick mit Spray ein. Meint der Opa: "Hör auf damit. Denk lieber mal an das Ozonloch!"
Oma: " Ist schon gut. Das mach ich mit dem Waschlappen!"

Opa geht mit seinen 3 Enkeln (3, 6 u. 9) im Zoo spazieren. Sie stehen vor dem Affenkäfig, wo zwei Affen gerade inbrünstig Liebe machen. Fragt der 9-jährige: "Opa was machen die da?" Opa will sich gerade vor einer genauen Antwort drücken, da kommt ihm der 6-jährige zuvor "Siehste doch, die bumsen!" Darauf der 3-Jährige: "Laffiniert, laffiniert un alles ohne Dummi! "

Gertrud, gerade in Rente gegangen, will ihre Freizeit genießen und setzt sich in

ein gemütliches Lokal. Sie
ruft vom Tisch dem Wirt zu:
„Eine Spätlese!"
Darauf der Wirt: „Das sehe
ich, aber was wollen Sie
trinken?"

Traute Family

Straßensammlung. Es klingelt an der Haustür. Klein Nicole öffnet. "Guten Tag, wir sammeln für das Altenheim!" „Oh, das ist aber nett, die Oma können Sie gleich mitnehmen, aber der Opa ist noch einkaufen."

Annette, Anfang 60, steht neben Ihrem Mann nackt vor dem Spiegel. „Meine Haut wird schrumpelig und schlapp, mein Hintern ist zu dick, über der Hüfte und dem Bauch sind fiese Speckröllchen und dann auch noch diese Cellulitedellen an den Oberschenkeln. Schatz sag mir zum Trost etwas Nettes!" Er: „Das ist doch halb so wild, Schatzi, in jedem Fall ist mit deinen Augen noch alles in Ordnung!"

Mark war am Wochenende bei Oma und Opa.
Als die Mama ihn abholt, fragt sie:
"Wie war es?"
"Langweilig!"
"Wieso?"

"Oma und Opa saßen auf dem Sofa und hatten nichts an!"

"Waaaas?", entrüstet sich die Mutter.

"Ja, nichts an - kein Radio, kein Fernsehen, kein Internet...."

Opa Erwin, der etwas schwerhörig geworden ist, liest Enkel Kurtchen eine Gutenachtgeschichte vor. Nach einer Weile sagt Kurtchen: „Du, Opa, kannst Du nicht leiser vorlesen, ich kann sonst nicht einschlafen!"

Ein steinreicher, aber stocktauber alter Mann geht

zu einem Hörgeräteakustiker und lässt sich das modernste Gerät anpassen. Drei Wochen später kommt er wieder in den Laden, um sich überschwänglich zu bedanken. "Es ist super, jetzt kann ich wieder alles genau hören - selbst das, was im Nebenzimmer geredet wird." „Da muss Ihre Familie aber jetzt sehr froh sein", wendet der Verkäufer ein. "Weiß ich nicht", meint der Senior, „Ich habe es ihnen noch nicht gesagt. Dafür habe ich aber schon viermal mein Testament geändert!"

Fragt Klein-Olaf seinen Opa: "Warum haben Onkel Leo und Tante Ingrid noch keine Kinder?" Opa: „Der Klapperstorch hat noch keine gebracht!" „Ach so", meint Olaf, „wenn die noch an den Klapperstorch glauben, dann wird auch nichts daraus."

Opa hat seinen Enkel Fritz auf dem Schoß und freut sich über den wachen, kleinen Kerl. Da sagt Fritzchen plötzlich: "Opa mach mal die Augen zu." Opa tut wie gewünscht. Und während Opa noch auf die Überraschung wartet, jubelt der Kleine seiner Mutter zu:

"Mama, jetzt sind wir reich!".
Verdutzt fragt der Opa:
"Warum denn das?". "Na ja"
meint Fritz, "die Mama sagt
immer, wenn Du mal die
Augen zu machst, dann sind
wir reich!"

Oma ist auf Besuch und
schläft bei Annegret im
Zimmer. Am Abend als sie zu
Bett geht, ist Annegret noch
wach und schaut heimlich
der Oma zu, wie diese sich
zur Nacht aufbereitet. Sie
sieht erstaunt wie diese die
Perücke abnimmt, die Zähne
herausnimmt, die
Kontaktlinsen und das
Hörgerät entfernt. Dazu

streift sie mühselig ihren Brustpanzer ab. Entsetzt springt Annegret aus dem Bett, läuft zu ihren Eltern und schreit „Kommt schnell, Oma ist dabei sich aufzulösen".

Oma", fragt Klein Martin, „warum puderst Du Dein Gesicht?" "Damit ich schön werde, mein Junge".
Klein Martin: "Und warum wirst Du es nicht?"

In gemütlicher Runde will Tobi bei seinem Opa angeregt seinen Wissensdurst stillen.
Enkel:. „Wie funktioniert eigentlich MP3?"

Opa: „Das weiß ich leider nicht.

Enkel: „Was ist eigentlich ein Router?"

Opa: „Hab ich noch nie gehört."

Enkel: „Habt Ihr eine Flatrate?"

Opa: „Was bitte?"

Enkel: „Die Müllers sollen das haben."

Opa: „Kenn ich aber nicht."

Enkel: "Was ist eigentlich ein coitus interruptus?"

Opa:" Ich hab kein Latein in der Schule gelernt. Das kenne ich nicht!"

Da schaltet sich die Mutter ein: „Tobi, stell dem Opa doch nicht so viele Fragen!" Darauf der Opa: „Lass ihn doch, wenn er nicht fragt, lernt er doch nichts!"

Oma geht mit Ihrem Enkel spazieren. Sie kommen zu einer Wiese. Plötzlich rutscht Oma unglücklich aus und fällt ins Gras. Peter ganz erfreut: „Oma, gibt es jetzt ein neues Auto?" Oma: „Nein, aber wieso kommst Du denn jetzt darauf?" Darauf der Enkel: „Papa hat noch gestern gesagt, wenn die Oma endlich ins Gras beißt, dann gibt es ein neues Auto."

Paare im Alltag

Oma und Opa liegen
morgens noch länger im
Bett. Er fragt sie, was sie
geträumt habe. Sie
antwortet: "Ich habe
geträumt, dass ich mit dem
Rad nach Köln gefahren bin.
Was hast Du geträumt?." Er
antwortet gutgelaunt "Ich
habe geträumt, dass ich mit
drei Frauen im Bett liege,
Musik höre und
Champagner trinke." Fragt
Oma: „War ich denn auch

dabei?" Darauf Opa "Nein, du warst ja mit dem Rad nach Köln gefahren!"

„Süßer", flötet Gisela beim 40-jährigen Hochzeitsessen. „Früher hast Du an unserem Hochzeitstag immer meine Hand gehalten." Darauf nimmt er ihre Hand. „Und dann hast Du mich immer geküsst!" Er küsst sie. „Und dann hast Du mich immer ganz zart in den Hals gebissen!" Er steht auf und verlässt das Zimmer. „Aber Horst, wohin gehst Du?" „Ins Bad, Hildegard, meine Zähne holen!"

Anette hat zu Ihrem 60. einen Gutschein für einen Schönheitssalon bekommen und kommt nach 5 Stunden freudestrahlend nach Hause. „Entschuldige Hermann, dass ich so spät zurückkomme". Er:" Macht nichts, aber sag mal, warum haben Sie dich denn nicht drangenommen?"

Anruf beim Augenarzt: "Bitte tun Sie mir den Gefallen und verschreiben Sie meinem Mann keine Brille. Unsere Ehe war bislang in 40 Jahren ausgesprochen glücklich." Rolf geht mit seiner Frau in ein Restaurant, um ihren 40.

Hochzeitstag zu feiern. Er fragt den Kellner: "Welchen Wein können Sie für unseren 40. Hochzeitstag empfehlen?" Kellner: "Es kommt darauf an, ob sie feiern oder vergessen wollen!"

Zwei Männer unterhalten sich. Fragt der eine: „Kennst du die Geräte, die auf Anhieb herausfinden können, ob man lügt?" Kommt die brummige Antwort des anderen: „Mit so einem Gerät bin ich seit 40 Jahren verheiratet!"

Schluchzend fragt Henny ihren Mann: "Herbert, hast du vergessen, das ich dich vor 40 Jahren geheiratet habe!" Böse sieht Herbert sie an. „Nein, vergessen kann ich das nicht, aber ich habe dir mittlerweile verziehen."

Bei der Feier zur Goldenen Hochzeit outet sich der Jubelgreis zu vorgerückter Stunde seinen Schwiegersöhnen: "Um ehrlich zu sein, ich habe in meinem Leben vielen Ehemännern Hörner aufgesetzt." Mit mildem Lächeln meint seine Frau: "Ich nur einem einzigen!" Unter vier Augen sagt der Arzt zu Elke: "Ihr Mann ist sehr krank, er kann jeden

Moment tot umfallen." Elke ist den Tränen nahe und fragt verzweifelt, was Sie denn dagegen tun könne. Der Arzt: „Es gibt eine Möglichkeit, um Ihren Mann am Leben zu erhalten. Er muss sich den ganzen Tag ausruhen, keinen Ärger haben, viermal am Tag ein leichtes und schmackhaftes Essen erhalten und jeden Wunsch erfüllt bekommen." Tief durchatmend verlässt sie das Arztzimmer. Zu Hause fragt Ihr Mann: „Was hat der Doktor gesagt?" Sie: „Dass du nicht mehr lange lebst!"

Peter sagt voller Stolz zu seinem Freund. „Erwin, meine Frau ist ein Engel." Erwin: „Du Glücklicher, meine lebt noch!"
Hermann zu Otto: „Ich bin seit 35 Jahren verheiratet und liebe immer noch die gleiche Frau." Otto:" Erstaunlich, das ist ja super!" Hermann: „ Findest Du? Sag nur ja nichts zu meiner Frau, wenn sie das erfährt, bringt sie mich um!"

Ein Mann kommt freudestrahlend nach Hause und teilt seiner Frau mit, dass er trotz seines vorgerückten Alters von 63 noch eine Lebensversicherung abschließen konnte. „Das ist aber sehr vernünftig", lobt sie ihn, „Nun brauchen wir nicht immer gleich zum Arzt zu rennen, wenn Du krank bist!"

Ein älteres Ehepaar feiert in aller Ruhe seine Goldene Hochzeit. Nach einigen Glas Wein lässt man die Vergangenheit Revue passieren. Der Ehemann: "Es hat mich immer gewundert, dass unser 5. Kind den anderen überhaupt nicht ähnlich sieht. Wir haben unsere 50 Jahre in Frieden leben können, aber eines möchte ich doch nun wissen und sag mir ehrlich: Hat unser Georg einen anderen Vater?" Die Frau senkt errötet den Kopf und muss gestehen: „Ja, hat er!" Die Antwort erschüttert den Ehemann. Es hat ihn schwer getroffen. Mit tränenerfüllter Stimme fragt er: „Wer ist der Vater?" Mit letztem Mut und nach tiefem Durchatmen gesteht sie: „DU!"

Karl-Heinz bei der Polizei: „Ich möchte meine Frau als vermisst melden." "Seit wann wird sie denn vermisst?" "Seit 10 Jahren!" "Und da kommen Sie erst heute?!" "Ich habe doch in 14 Tagen Goldene Hochzeit und da hätte ich sie gern dabei gehabt!"

Fragt der Rechtsanwalt das alte Ehepaar: "Und warum in aller Welt wollen Sie sich denn in Ihrem Alter jetzt noch scheiden lassen?" "Wir wollten unseren Kindern nicht wehtun und haben gewartet, bis sie endlich tot sind!"

Bernd und Renate leben schon 40 Jahre ohne Trauschein zusammen. Fragt sie ihn nach einem gemütlichen

Kaffeestündchen: „Was meinst Du - wäre es nicht langsam an der Zeit für uns zu heiraten?" Darauf er: "Schon - aber wer nimmt uns in unserem Alter denn noch..."

Ein betagtes Paar schaut sich bei RTL einen heissen Erotikfilm an und wird nach ein paar Gläschen Rotwein wieder an seine jungen Abenteuer erinnert. Das Blut fängt langsam, aber aufsteigend an zu kochen. Die Frau schaut ihren ehemaligen Casanova sehnsüchtig an. Dann brechen die Dämme. Sie

reisst sich die Kleider vom Leib und haucht liebestoll „Otto, mach dass ich mich wie eine richtige Frau fühle". Otto wird rasch aktiv, öffnet sein Hemd, schmeißt es zu Boden und donnert: „Einmal waschen und bügeln!"
Ein altes Paar, sie 100, er 105 Jahre alt, stehen vor dem Grab der 80jährigen Tochter. Meint er zu ihr: "Siehst Du, ich hab's Dir gleich gesagt, wir bringen sie nicht durch..."

Ein Ehepaar feiert Goldene Hochzeit. Anlässlich der Feier fragt ein alter Freund den Jubilar, was er denn in all den Jahren als die schönste Zeit empfunden hätte. Darauf er: "Meine 5 Jahre russische Kriegsgefangenschaft!"

Nach einigen Jahren Windstille im Ruhestand möchte Hildegard ihren Senior endlich mal wieder verführen und erscheint abends in ihrem neuen, schwarzen Negligee. „Ist was mit Oma?" fragt er erstaunt und legt sich wieder auf die Seite.

Kommt ein 94jähriger in heller Aufregung zum Arzt: "Herr Doktor, ich versteh' es einfach nicht, ich versteh' es

einfach nicht!" sagt er. "Ich bin 94 Jahre alt, meine Frau ist 30 und kriegt ein Kind. Ich versteh' es einfach nicht!" Sagt der Arzt: "Nun mal ganz ruhig. Stellen Sie sich vor, Sie gehen sonntags im Wald spazieren und sehen einen Hasen. Sie legen Ihren Spazierstock an, zielen und rufen "Peng" und der Hase fällt tot um." "Ja, ist doch klar!" sagt der alte Mann. "Da hat jemand anderes geschossen."
"Sehen Sie", sagt der Arzt, "Sie verstehen es doch."

Rentner Martin fühlt sich krank und begibt sich

sorgenvoll zum Arzt. Der untersucht ihn gründlich und beruhigt ihn dann: "Die Symptome haben nichts zu bedeuten. Sie sind gesund! Sie werden noch ihre Frau und ihre Kinder begraben!" "Ach, Herr Doktor, das sagen Sie doch nur, um mich aufzuheitern."

Mathilde liest das Horoskop. Plötzlich sagt sie zu ihrem Ehemann: "Siehst du, wärst du 1939 im Mai zwei Tage später auf die Welt gekommen, wärst du freundlich, großzügig und geistreich!"

Sie zu ihm: "Du Bernd, was mach ich nur, ich habe schon wieder zwei Pfund zugenommen!" Er bissig: "Dann steig´ nochmal auf die Waage, wenn du abgeschminkt bist."

Toll, wie viel Schnee wir in diesem Jahr haben!", sagt Franz. "Mir egal, meine Frau fährt mit mir das ganze Jahr Schlitten!", antwortet Paul.

Silvesterabend sitzt. ein älteres Ehepaar friedlich in der Stube und sieht gemütlich dem Jahresende entgegen. Er sitzt auf dem Sofa, sie auf dem Stuhl daneben. Er pafft seine Pfeife und gießt sich hin und wieder einen Bommerlunder ins Glas. Sie zu ihm: "Im neuen Jahr soll es aber anders werden: Du darfst nicht mehr trinken - und ich, ich gewöhn dir das Rauchen ab!"

Der alte Jochen ist ohne seine Pfeife nicht denkbar, sie ist seine ständige Begleiterin. Als ein alter Freund vorbeikommt und ihn so andächtig auf der Bank vor seinem Haus rauchen sieht, setzt er sich zu ihm. Selbstzufrieden sagt der Alte: "Ja, ja, meine Frau und mein Pfeifferle - die sind mir

das Liebste auf der Welt!"
Sein Freund will noch mehr
wissen und fragt sistierend:
"Aber wenn es heißen würde,
entweder- oder, was wäre Dir
dann lieber?" Nachdenklich
schaut Jochen seinen Freund
an, dann huscht ein
Schmunzeln über sein
faltiges Gesicht: "Dann doch
lieber die Pief - bei der kann
ich das Mundstück
abschrauben, bei meiner
Alten aber nicht."

Ein rheinisches Ehepaar will
Silberne Hochzeit feiern. Der
Gatte hat sich einen Plan
ausgedacht. "Weisst du,
Hedwig, wir wollen alles

genauso machen, wie an unserem Hochzeitstag. Früh gehen wir am Rhein spazieren!" "Und was dann?", fragt die Frau neugierig. "Dann gehen wir in unser altes Stammrestaurant " "Und dann?" "Dann steigen wir auf den Drachenfels und bewundern das Panorama!" "Und dann?" "Dann gehen wir in ein Cafe!" "Und dann?" "Dann gehen wir nach Hause!" "Und dann, und dann..." "Dann werden wir uns die Füße baden, denn die werden uns dann bestimmt weh tun."

Seit 40 Jahren ist das Ehepaar - beide 65 - mehr oder weniger glücklich verheiratet. Am Abend des Feiertages erscheint eine Fee und sagt: "Ihr wart ein vorbildliches Paar und habt deshalb beide einen Wunsch frei."

"Ich wünsche mir eine Reise nach Hawai", sagt die Frau. Schwupp - schon liegt das Ticket vor ihr.

"Und ich möchte eine Frau, die 20 Jahre jünger ist", sagt der Mann. Und schwupp - schon ist er 85.

Hannelore kommt vom Arzt nach Hause und erzählt

ihrem Mann: " Stell dir vor, der Arzt hat gesagt Ich habe eine Lunge wie eine 20 Jährige und die Haut ist wie die von einer 30 jährigen und das Aussehen ist fast wie von einer 40 - jährigen." Darauf etwas amüsiert der Mann: "Und was hat er über deinen Arsch gesagt?" Darauf sie: "Über dich haben wir nicht gesprochen".

Zufällig treffen sich zwei Freunde. Da sagt der eine zum anderen: „Du trägst Deinen Ehering am falschen Finger!" Der andere entgegnet: „Tja, ich habe ja auch die falsche Frau geheiratet!"

Ein Ehepaar beim Bummeln vorm Schaufenster eines Juweliers. Der Ehemann fragt so nebenbei: "Schatzi, wir haben doch nun bald Silberne Hochzeit. Du darfst dir was wünschen!" Ehefrau spontan: "Schön, dass du fragst, ich möchte die Scheidung!" Ehemann: "Liebling, sooo viel Geld wollte ich nun wirklich nicht ausgeben!"

Sex und Erotik

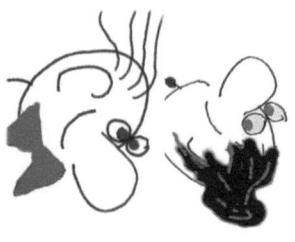

Zwei Senioren sitzen bei einem Bierchen zusammen und unterhalten sich über ihr Liebesleben. Der erste: „Meine Frau und ich haben einmal im Jahr Sex." Der zweite: „Wir lieben uns beinahe jeden Tag." Der erste: „Beinahe jeden Tag? Das glaube ich nicht!" Der zweite: „Doch - am Montag hatten wir beinahe Sex, am

Dienstag hatten wir beinahe Sex, am Mittwoch......"

Ein Mann ist 65 Jahre alt geworden und geht zur Pensionsversicherung um seinen Antrag zu stellen. Er zieht sich im Warteraum eine Nummer und wartet bis er aufgerufen wird. Kurz bevor seine Wartenummer aufgerufen wird, stellt er fest, dass er seinen Ausweis vergessen hat. Es ist zu spät, ihn noch zu holen, also wartet er, bis er drankommt. Seine Nummer wird aufgerufen und er betritt das Büro.

"Guten Tag, entschuldigen Sie, ich habe meinen Ausweis vergessen!" Die Dame antwortet: "Macht nichts. Machen Sie ihr Hemd auf!" Der Mann wundert sich, tut aber, wie gewünscht. Als die Frau das ergraute Brusthaar sieht, sagt sie:
"Das reicht. Sie sind mindestens 65! Sie bekommen den Pensionistenausweis."
Nach dem die Formalitäten erledigt sind, geht der Mann nach Hause und erzählt es seiner Frau. Sie schaut ihn nur kurz an und sagt:

"Hättest du deine Hose runtergelassen, hättest du auch einen Behindertenausweis bekommen…"

Ehepaar Huber lässt anlässlich der bevorstehenden Goldenen Hochzeit ihre Ehejahre Revue passieren.

Brigitte sieht Norbert die Koffer packen und fragt verwundert: „Was ist denn mit Dir los?" Er: "Ich habe gelesen, dass ein Mann auf einer Insel im Indischen Ozean für jedes mal Sex mit einer Frau umgerechnet 25 Euro bekommt. Da flieg ich jetzt hin." Daraufhin packt Brigitte ebenfalls ihre Koffer. Norbert fragt verwundert, was das denn soll. Darauf schnippisch seine Frau: „Ich komme mit und möchte sehen, wie Du mit 25 Euro alle 2 Monate deine Rente aufbessern willst."

In der Buchhandlung fragt ein Senior nach dem Buch „Liebeslust ab 70". Die Verkäuferin: „Kennen wir nicht, aber schauen Sie mal in unserer Abteilung „Science fiction" nach!"

Nachts gegen halb eins hat Paul trotz seiner 74 noch mal Gefühle. Er rutscht zu

Bärbel rüber und flüstert zärtlich: „Ach, wäre es schön, wenn du jetzt geil wärest!" Brummelt sie zurück: „Ach, wäre es geil, wenn Du schön wärest!"

Rudi, 72, besucht seinen Hausarzt. „Jeden Abend liegt meine viel jüngere Freundin voller Erwartung im Bett, und jedes Mal schlafe ich sofort ein. Kann man dagegen nicht etwas tun?" Wortlos schreibt der Arzt ein Rezept und reicht es Rudi. Sein Gesicht erhellt sich freudig: „Und Sie meinen, dass ich damit....?". Beruhigend antwortet der

Arzt: „Ich garantiere, dass ihre junge Freundin nun ebenfalls sofort einschlafen wird!"

Wilhelm besucht nach langer Zeit wieder seine Nebenfrau von früheren Zeiten. Sie sitzt auf dem Bett, zieht sich stöhnend die Schuhe aus und meint: „Weißt du Willy, ich hab`s halt jetzt im Kreuz." Darauf Willy: „Gut, dass du das gleich gesagt hast, Mausi, ich hätte es sonst an der alten Stelle gesucht!"

Ein alter Mann hat eine sehr viel Jüngere geheiratet. Am Morgen nach der Hochzeitsnacht sagt sie überglücklich: „Es war wunderbar, macht man das öfter?" „Ja, Täubchen", meint der Oldie, „es gibt Lüstlinge, die machen das zweimal im Jahr!"

Ein Mann geht wegen seiner Beschwerden an seinem besten Stück zu seinem Arzt. Der sieht sich das an und stellt dann fachmännisch fest: "Sie haben ein Gamsbartsyndrom." Der Patient. „Ein Gamsbartsyndrom, was ist das denn, noch nie gehört?" Arzt:„Sie können sich ihn nur noch an den Hut stecken!"

Opa steht nackt vorm Spiegel, betrachtet sich und sagt: „Ach, zwei Zentimeter mehr, und ich wäre König." Antwortet eine Stimme: „Zwei Zentimeter weniger, und du wärst Königin!"

Bei einem Vortragsabend im Altersheim über Gesundheit erklärt ein Arzt, dass eine Krankheit immer die schwächsten Stellen im Körper befällt. Darauf wendet sich eine Tischnachbarin an ihr männliches Gegenüber und sagt laut: Jetzt weiß ich, warum Ihr keine Kinder habt.

Drei ältere Frauen gehen ins Schwimmbad. Als die erste schwimmt, holt sie der Bademeister zu sich und fragt sie, warum sie so gut schwimmen könne.

Sie antwortet, dass sie früher Clubmeisterin gewesen sei. Auch als die zweite alte Frau schwimmt, ist der Bademeister überrascht. und fragt auch sie warum sie so gut schwimmen könne.

Die Frau berichtet, sie sei einmal Landesmeisterin gewesen.

Als die dritte Frau schwimmt, ist der Bademeister extrem beeindruckt und sagt, sie sei die beste Schwimmerin, die er je gesehen habe. Daraufhin lacht die alte Frau und erklärt: "Ich war früher Prostituierte in Venedig und habe fast nur Hausbesuche gemacht."

Treffen sich zwei Rentner. Nach kurzem Austausch von Nettigkeiten fragt Heinz "Was habe ich gehört, Du stehst auf ausgefallenen Sex?"
„Wer hat Dir denn solchen Quatsch erzählt?", sagt Erwin
„Na Deine Frau...Montag kein Sex, Dienstag kein Sex, Mittwoch........!!!"

Eine 80-Jährige bekennt im Beichtstuhl: Hochwürden, ich habe gesündigt und wissentlich gegen das Gebot der Keuschheit verstoßen, und das sehr oft. „Um Gotteswillen, gute Frau", antwortet der Geistliche, „wann war das denn?" „Vor einem halben Jahrhundert, Herr Pfarrer. Aber ich beichte es doch immer wieder gern."

90jähriges Paar beim Sex: Er stöhnt und verdreht die Augen, sich dabei ans Herz fassend. Sie mitfühlend: "Was ist denn Alfred?" Antwortet er: "Ich weiß auch nicht, entweder ich komme oder ich gehe!"

Rentner Bernd steht auf, zieht sich seine Jacke über und will das Haus verlassen. Fragt ihn seine Frau: "Wo gehst Du denn hin?"
Bernd: "Zum Arzt!" "Fühlst Du Dich denn krank?"
"Nein, aber ich werde mir jetzt ein paar von diesen neuen Viagra Pillen verschreiben lassen!"
Da steht die Frau auch auf und zieht ebenfalls ihren Mantel an. Der Alte fragt sie: "Wo willst denn Du hin?"
"Auch zum Arzt! Wenn Du jetzt wieder anfangen willst,

dieses alte, rostige 'Ding' zu benutzen, werde ich mir vorher noch was gegen Tetanus spritzen lassen..."

Arzt. "Gute Frau, sie sind jetzt 82, Ihr Freund 21, da kann jeder Sexualkontakt zum Herzinfarkt und sogar zum Tode führen!" Worauf die alte Dame meint: "Na ja, dann stirbt er halt!"

Treffen sich zwei 75-Jährige. Sagt der eine zum andern: "Seit ich Viagra einnehme fühle ich mich wieder wie ein 20-jähriger!" Entgegnet der Andere: "Red keinen Unsinn, mich stört es gewaltig beim Rasenmähen!"

Streikendes Köpfchen

Drei alte Männer unterhalten sich. „Gestern wollte ich zur Apotheke, doch plötzlich stand ich im Drogeriemarkt. Danach wollte ich in die Kirche und fand mich an der Straßenbahnhaltestelle wieder", sagt der eine. „Das ist noch harmlos", wendet der zweite ein, „Ich wollte auf die Toilette gehen und hab stattdessen ins Bett gemacht!" Der älteste klopft ärgerlich kräftig und laut mit der Hand auf den Tisch. „Sowas verrücktes!" Dann steht er auf und geht zur Türe. „Wohin gehst Du", fragen die anderen. „Hört ihr nicht, dass es an der Tür geklopft hat?"

Das Gedächtnis ist auch nicht mehr das, was es einmal gewesen ist. Unterhalten sich zwei über 90-jährige Rentner: "Kannst du mir erklären, warum du zu deiner Frau noch immer `Schatzi` sagst, obwohl ihr doch schon über 60 Jahre verheiratet seid?" "Weil ich nicht mehr weiß, wie sie mit Vornamen heißt!"

Ein Rentner beim Arzt: „Her Doktor, mein Gedächtnis lässt stark nach!" Arzt: „Seit wann?" Rentner." Seit wann was?"

Jedes Jahr treffen sich ein paar Freunde, um einen tollen Abend zu erleben. Als sie 40 wurden, trafen sie sich und rätselten, was sie an diesem Abend unternehmen sollten. Sie wurden sich erst nicht einig, aber dann sagte einer:

"Lasst uns doch in den Gasthof zum Löwen gehen, die Kellnerin ist scharf und trägt immer eine tief ausgeschnittene Bluse!"
Gesagt, getan.
Zehn Jahre später, als sie 50 wurden, trafen sie sich wieder und rätselten erneut, was sie an diesem Abend unternehmen sollten. Sie wurden sich zuerst wieder nicht einig, aber dann sagte einer:
"Lasst uns doch in den Gasthof zum Löwen gehen, da isst man sehr gut und die Weinkarte hat ein paar edle

Tröpfchen zu bieten!" Gesagt,
getan.
Zehn Jahre später, als sie 60
wurden, trafen sie sich
wieder und rätselten erneut,
was sie an diesem Abend
unternehmen sollten. Wieder
wurden sie zuerst nicht
einig, aber dann sagte einer:
"Lasst uns doch in den
Gasthof zum Löwen gehen,
da ist es ruhig und es wird
nicht geraucht!" Gesagt
getan. Zehn Jahre später, als
sie 70 wurden, trafen sie sich
wieder und rätselten erneut,
was sie an diesem Abend
unternehmen sollten. Wie
jedes Jahr wurden sie zuerst

wieder nicht einig, aber dann sagte einer: "Lasst uns doch in den Gasthof zum Löwen gehen, da ist alles rollstuhlgängig und es gibt einen Lift!" Gesagt getan...
Kürzlich sind sie 80 geworden, trafen sich wieder und rätselten erneut, was sie an diesem Abend unternehmen sollten. Sie wurden zuerst nicht einig, aber dann sagte einer: "Lasst uns doch in den Gasthof zum Löwen gehen."
Da sagte ein anderer: "Gute Idee, da waren wir noch nie!"

Ein Ruheständler geht zum Arzt, um sich auf Alzheimer untersuchen zu lassen. Nach ein paar Tagen erkundigt er sich nach dem Ergebnis. Der Arzt: „ Ich habe eine gute und eine schlechte Nachricht. Die schlechte ist, dass sie leider Alzheimer haben. „Und die gute", fragt hoffnungsvoll der Patient. „Dass sie es gleich wieder vergessen."

Ein altes Ehepaar sitzt vor dem Fernseher. Als die Werbung beginnt steht die Frau auf. „Gehst Du in die Küche?", fragt der Mann. „Ja, warum? " Bring mir doch bitte ein Stück Torte aus dem Kühlschrank mit. Du kannst zwei Bällchen Erdbeereis dazutun und einen Schuss Himbeergeist darüber schütten. Schreib dir das aber am besten kurz auf, sonst vergisst du es!" „Meinst du ich hätte Alzheimer?", sagt düpiert die Frau und verschwindet in der Küche. Nach einer Weile kommt sie aus der Küche und hat zwei Spiegeleier auf dem Teller. „Und wo ist der Schinken?", fragt der Mann.

Die Betreuungsrichterin besucht Opa Karl-Heinz weil seine Tochter beantragt hat, ihn unter Betreuung zu stellen. Die Richterin fragt die Tochter: „Woraus schließen Sie, dass Ihr Vater nicht mehr in der Lage ist, seine Angelegenheiten selbst zu besorgen?" „ Vorgestern gingen Opa und ich in den Park. Wir kamen zu einer Telefonzelle. Er ging rein und kam einfach nicht mehr heraus. Nach einer halben Stunde schließlich bequemte er sich die Telefonzelle zu verlassen. Dabei schimpfte er lautstark, dass der Fahrstuhl mal wieder nicht funktioniere."

Zwei Seniorenehepaare treffen sich regelmäßig zum Kartenspielen. Bevor es losgeht, sind die beiden Frauen noch in der Küche beschäftigt. Inzwischen erzählt Josef dem Heinrich im Wohnzimmer begeistert von dem tollen Restaurant, in dem er vor ein paar Tagen mit seiner Frau war. Heinrich will unbedingt wissen, wie dieses heißt. Josef denkt einen Moment nach und fragt Heinrich: "Wie heißt die rote Blume, die bei Hochzeiten so beliebt ist?" "Das sind Nelken" antwortet er. "Nicht doch, die andere", winkt Josef ab. „Na dann ist es die Rose", meint Heinrich. "Richtig, endlich hab ich es" sagt Josef erleichtert und ruft in die Küche "Rosie, in welchem Restaurant waren wir gestern Abend?"

Rudi ist zu Besuch bei seinem Freund Willi und dessen Frau. Während des ganzen Abendessens spricht Willi seine Frau nur mit „Schatzi, Mausi, Engelchen und Spatzi" an. Nach dem Essen, als die beiden für eine Rauchpause mal eine kurze Zeit alleine sind, spricht Rudi seinen Kumpel an: "Mann, ich finde das voll cool, dass du deine Frau nach all den Ehejahren noch immer mit Koseworten ansprichst, wie ein junger Verliebter."

Darauf Willi: "Nun, um die Wahrheit zu sagen, ich habe vor drei Jahren ihren Namen vergessen!"

Kleine Wehwehchen

Herr Doktor, das linke Bein schmerzt!" „Machen Sie sich keine Sorgen, das ist das Alter!" „Das andere ist aber genau so alt und tut nicht weh!"

Aufgeregt geht eine 52-Jährige zum Arzt und will sich Rat holen: „Ich habe gestern einen 10-Euroschein verschluckt und wenn ich jetzt zur Toilette gehe, kommt nur Kleingeld heraus. Woran liegt das?" Antwort des Arztes. „Das ist ein klarer Fall. Sie sind in den Wechseljahren!"

Oma kommt vom Arzt nach Hause und teilt ihrem Hellmut mit: "Mein Arzt hat gesagt, ich hätte das 'Porzellan-Syndrom'. Was mag das nur sein?" Ihr Mann weiß es auch nicht. Er sucht den Arzt auf und fragt, was denn das genannte "Porzellan-Syndrom" sei. "Ja", antwortet der Arzt, "ich wollte es Ihrer Frau nicht so direkt ins Gesicht sagen, aber sie hat nicht alle Tassen im Schrank."

Treffen sich 2 Senioren beim Urologen. Fragt der eine (Stotterer):"W-W-was f-f-fehlt Ihnen d-denn?" „Ich habe Probleme mit der Prostata." „W-W-Wie m-m-erken S-S-Sie d-das d-d-denn?" „Ich pinkle so wie Sie sprechen!"

Anlässlich seines 95. Geburtstags wird ein greiser Herr im Altersheim für einen Bericht in der Lokalzeitung interviewt. Reporter: „Wie fühlen Sie sich in Ihrem Alter und in dieser Umgebung?'

Greis: „Danke, sehr gut."
Reporter: „Wie sieht denn Ihr
Tagesablauf hier drin aus?"
Greis: „Morgens erst mal
pissen!" Reporter: „Und?
Keine Probleme?" Greis: „Ach
wo! Harter Strahl, kein
Brennen, gesunde Farbe!"
Reporter: „Und dann?" Greis:
„Stuhlgang." Reporter:
„Irgendwelche
Beschwerden?" Greis: „Keine
Spur. Ausreichender Druck,
kein Blut, ganz normale
Darmentleerung." Reporter:
„Wie geht es dann weiter?"
Greis: „Nun ja, dann stehe
ich auf."

III

Zwei ältere Damen unterhalten sich: "Soll ich nun weniger essen oder mich mehr bewegen, um ein paar Kilo abzunehmen?" "Weder noch! Verzichte doch einfach auf das Fernsehen und höre mehr Radio!" "Und das soll schlank machen?" "Ja, ich habe erst kürzlich gelesen, dass die Radiohörer seit es das Fernsehen gibt deutlich abgenommen haben!"

Oma und Opa gehen ins Kino. Plötzlich erhebt sich Oma und krabbelt auf dem Boden rum. „ Was krabbelst Du denn da?" fragt Opa

ganz leise. „Ich suche mein Bonbon", antwortet Oma.
„Aber lass doch das blöde Bonbon liegen!" rät ihr Opa.
„Das geht nicht, da hängen meine Zähne dran" erwidert Oma mit ärgerlicher Stimme.

Das Ergebnis ist eindeutig", sagt der Arzt nach der Untersuchung zu dem Herrn Ende der Fünfziger. "Ihrem Gesundheitszustand nach müssen Sie eines aufgeben: die Frauen oder den Wein. Was werden sie tun?" "Ich möchte doch lieber von Fall zu Fall entscheiden - dem Jahrgang nach."

Karl-Otto soll an der Prostata operiert werden. „Wie stehen meine Chancen, Herr Doktor?" „Tja, wissen Sie, ich mache diese Operation bereits zum 28. Mal!" "Na, dann bin ich ja beruhigt." "Eben - einmal muss sie mir ja gelingen!"

Ein 65-jähriger kommt zum Arzt. Sagt der nach eingehender Untersuchung: „Ja mein Lieber, wenn Sie nicht mehr trinken würden und auch das Rauchen aufgeben und vor allem nicht mehr so den Frauen nachsteigen - ja dann könnten sie ohne Weiteres

100 Jahre alt werden." Verschmitzt sieht der 65-jährige den Arzt an: „Und warum bitte sollte ich dann 100 werden wollen?"

Hellmut hört seit seinem 60. nicht mehr gut und geht zum Hörgeräteakustiker um sich zu informieren, welches Gerät besonders zu empfehlen sei. Der Verkäufer: "Dieses Gerät hier kann ich Ihnen empfehlen. Sehr klein, sehr gute Hörleistung. Ich trage es selbst seit Jahren." Frage von Hellmut: "Was kostet es?" Verkäufer: "Nein, nein, Es rostet nicht..."

Schwarzer Humor

Karl-Heinz kommt in die Sprechstunde seines Arztes und erklärt sein Problem beim Wasserlassen. Fragt der Arzt: "Wie alt sind Sie?" Karl-Heinz: „Ich bin gerade 89 geworden" Der Arzt." 89? Na, dann haben Sie sich ja auch bald ausgepinkelt.

Nach dem Arztbesuch kommt Peter völlig deprimiert nach

Hause. Fragt ihn seine Frau:
„Was sagt denn der Arzt?"
„Schlecht. Er hat gesagt, dass
ich diese Tabletten bis ans
Ende meines Lebens nehmen
soll" „Und was ist daran so
schlimm", fragt seine Frau.
„Er hat mir nur 6 Stück
gegeben!"

„Mami, ich bin fertig mit
Staubsaugen. „Schön, Oliver,
aber denk bitte daran, den
Stecker von Opas Herz-
Lungen-Maschine wieder
einzustecken!"

Ulli kommt vom
Seniorentreff und findet
seine Frau nicht im Haus. Er
meldet sie als vermisst und

bekommt nach einigen Stunden bereits einen Anruf von der Polizei. „Wir haben eine Leiche gefunden, die der Beschreibung ihrer Frau entspricht. Kommen Sie bitte zur Leichenhalle, um sie zu identifizieren. Uli fährt hin, fasst die Leiche an und sagt rasch „Das ist meine Frau." Man wundert sich und fragt nach: „Moment mal, sollen wir nicht erst mal das Laken wegnehmen, damit Sie das Gesicht sehen können?" „Das ist nicht nötig", sagt Uli, „ich bin mir ganz sicher - meine Frau hat immer so kalte Füße!"

Kevin fragt seinen Opa „Opa, kann Oma Autos reparieren?" „Nein, woher denn, warum fragst Du?" „Ich habe sie gerade untern einem liegen sehen."

Horst liegt im Sterben. „Karin, es ist so weit, setz dich zu mir!" Sie entrüstet: „Geht nicht Schatz, Du weißt doch, dass ich keine Leichen sehen kann!"

Karl-Otto liegt im Krankenhaus und wird wohl seine 85 nicht mehr erreichen. Kommt ein Mann im weißen Kittel in sein Zimmer und fragt: "Wie groß sind sie denn?" Patient: "1

Meter 80, Herr Doktor."
Mann: "Ich bin nicht der
Doktor, ich bin der
Sargschreiner."

Arzt zum Rentner, der
kräftig der Flasche zuspricht:
"Es ist also Ihr Wunsch, dass
Sie nach Ihrem Tod der
Anatomie übergeben
werden?" Darauf der 80-
jährige: "Ja, Herr Doktor, ich
möchte noch einmal so
richtig in Alkohol
schwimmen!"

Nach einer Bypassoperation
erwacht der 80-Jährige auf
der Intensivstation. Noch
benommen murmelt er
verwirrt vor sich hin: "Wo bin

ich? Etwa im Himmel?"
"Nein", antwortet seine Frau,
an seinem Bett, "ich bin
immer noch bei dir!"

Der Pfarrer besucht eine 97-
Jährige: "Na, Frau Müller, Sie
sind aber noch sehr fit.
Möchten Sie nicht mal
wieder in die Kirche
kommen?" "Besser nicht!
Wenn der Herrgott mich
sieht, denkt er
bestimmt, er hat mich
vergessen!"

Die Trauergemeinde stand
nach der Beisetzung der
Bauersfrau, die durch einem
Tritt des hofeigenen Esels zu
Tode gekommen war,

zusammen und die Männer gingen zum Witwer und brachten ihr Mitgefühl zum Ausdruck. Dabei flüsterten sie ihm heimlich etwas ins Ohr. Nachdem das eine Reihe von Männern so gemacht hatte, ging auch, neugierig geworden, eine Frau zum Witwer, bekundete ihr Beileid und fragte leise, was die Männer ihm denn zugeflüstert hätten. "Die wollten wissen, ob ich den Esel verkaufe!."

Karin liegt schwerkrank im Krankenhaus. Ralf-Peter sitzt weinend an ihrem Bett. "Liebling", flüstert sie mit letzter Kraft, "schwöre mir, dass Du keine andere Frau mehr anschauen wirst, wenn ich gestorben bin." Er schluchzt auf: "Ich schwöre es, Schatzi! Aber, was ist, wenn Du wieder gesund wirst?"

Leben nach dem Leben

Der ältere Witwer zum Pfarrer: "Ich möchte meine Frau auf dem Bauch liegend begraben lassen. „Warum denn das?" "Sollte sie scheintot sein, gräbt sie nach unten..."...

Ein 65jähriger hat eine 18jährige geheiratet. Eine Woche später ist er tot. Am Grab erklärt sein Freund: "Und dann starb er völlig überraschend an der Mathematik." - "Wieso das denn?" - "Er wollte unbedingt wissen, wie oft 65 in 18 passt!"

Karl-Otto hat es mit 92 geschafft und steht am Himmelstor. Er sieht ein Riesenschild:

HIER STELLEN SICH ALLE DIE MÄNNER AN, DIE IN IHREM LEBEN VON IHRER FRAU HERUMKOMMANDIERT WURDEN.

Davor steht eine Riesenschlange. Daneben ein kleineres Himmelstor mit einem kleineren Schild. Darauf ist zu lesen:

HIER MELDEN SICH ALLE DIE MÄNNER, DIE IN IHREM LEBEN NICHT VON IHRER FRAU HERUMKOMMANDIERT WURDEN

Karl-Otto steht hier als einziger Mann. Darauf fragt ihn Petrus: "Bist du sicher, dass du in deinem Leben nicht von deiner Frau herumkommandiert worden bist?!" Er ist leicht verlegen und antwortet: "Naja, aber meine Frau hat gesagt, dass ich mich hier anstellen muss!"

Ein Ehepaar im gesegneten Alter - der Mann 104, die Frau 103 - kommen in den Himmel und sind begeistert. Nur Luxus überall, alle Wasserhähne sind vergoldet, fantastisches Essen, jeden Abend Comedy, Bier umsonst

und viele Highlights mehr.
Der Mann wird ganz
ärgerlich und raunzt seiner
Frau zu: „Du mit deinen
dämlichen Knoblauchpillen
vom Reformhaus. Das hätten
wir alles schon 40 Jahre
früher haben können."

Eleltraut ist tot. Ihre
Freundinnen wollen für sie
einen schönen und
sinnvollen Grabstein
bestellen. Beim Steinmetz
fragen sie nach dem Preis
der folgenden Inschrift:

HIER RUHT AMALIE SCHMITZ
GEBOREN ALS JUNGFRAU
GELEBT ALS JUNGFRAU
GESTORBEN ALS JUNGFRAU

Daraufhin empfiehlt der Steinmetz: „Machen wir es doch ganz einfach:

**HIER RUHT AMALIE SCHMITZ
UNGEÖFFNET ZURÜCK**

Dies ist für euch billiger und ich habe halb soviel Arbeit."

Fünf Wochen nach der Beerdigung des Ehemanns trifft sich die Witwe mit ihrer Freundin. Sie erzählt: "Mein Mann hat mir drei Umschläge hinterlassen. Im ersten waren 1.000,- Euro." "Wofür denn?", fragt die Freundin. "Na ja", sagt die Witwe, "auf dem Umschlag stand: 'Für die Grabbepflanzung'.

128

Im zweiten Umschlag waren 2.000, - Euro." ""Auf diesem Umschlag stand: „Für einen schönen Sarg." "Dein Mann hat ja gut vorgesorgt, und was war in dem dritten Umschlag?" "Oh, da waren 10.000, - Euro drin, und auf dem Umschlag stand: 'Für einen besonders schönen Stein.'" Sie zeigt ihren Ringfinger vor und sagt: "Der ist doch besonders schön, oder?"

Frech und stark

Eine ältere Frau will bei der
örtlichen Zeitung eine
Todesanzeige aufgeben.
Die Angestellte: „Wie soll die
Anzeige lauten?"
Frau: „Hermann tot"
Angestellte: „Und weiter?"
Frau: „Nichts weiter, das
genügt!"
Angestellte: „Aber das
können wir nicht machen.

Eine Todesanzeige hat immer mehr Inhalt!"
Frau: „Ich habe aber nicht genug Geld"
Angestellte: „O.k., wir fügen auf unsere Kosten noch eine Zusatzzeile hinzu. Was sollen wir denn noch anfügen?"
Frau: „Hm, hm... VW Golf zu verkaufen!"

Zwei ältere Männer treffen sich im Einkaufscenter. Der eine. „Pardon, ich bin ganz nervös, ich suche meine Frau!" Der andere: „Meine suche ich auch. Wie sieht Ihre denn aus? " Lange Haare, vollbusig, trägt Top ohne BH und sieht 30 Jahre jünger als ich. Und wie sieht Ihre aus? "Egal, wir suchen Ihre!"

„Hast Du noch einen letzten Wunsch?", fragt die Ehefrau am Sterbebett ihres alten Mannes. „Ja, ich könnte eine ganze Flasche Schampus trinken!" „Aber nur ein Glas, Erwin, der Rest ist für den Leichenschmaus!"

Zwei Freundinnen treffen sich. Sagt die eine: "Ich weiß nicht, was ich machen soll, mein Großvater kaut andauernd an seinen Fingernägeln." „Das macht meiner auch, aber damit ist jetzt Schluss!" „Wie hast Du denn das angestellt, ihm etwa die Hände fest gebunden?" „Nein, ich habe sein Gebiss versteckt."

Fragt eine alte, reiche Dame den Schönheitschirurgen: "Könnten Sie bei mir auch einige Eingriffe am Gesicht, am Hals und Busen vornehmen?" Der Arzt betrachtet sie konsterniert einige Zeit und meint dann: "Leider nein, Enthauptungen sind in unserem Lande verboten."

Um dem Rentenproblem wirksame Abhilfe zu schaffen und die Staatskasse aufzubessern wurde die

folgende Regelung überdacht:
Zukünftig dürfen die Rentner bei roter Ampel über die Straße gehen. Bei Überschreiten des 80. Lebensjahres MÜSSEN sie!

Sagt die Witwe: „Mein Mann hat immer Glück. Letzte Woche hat er eine hohe Lebensversicherung abgeschlossen, und gestern hat ihn doch tatsächlich schon ein Auto überfahren!"

„Warum haben Sie die Asche ihres Mannes in eine gläserne Urne getan?" „Er schaute immer so gern aus dem Fenster."

Enkel Ingo sitzt in der Badewanne, die Großmutter kommt herein: Oma, wo ist denn der Waschlappen?"
„Ach Opa ist nur mal kurz weg und macht einen Verdauungsspaziergang."

Rudi möchte nach 40 Jahren Ehehölle seine Frau loswerden. Er geht zur Apotheke und verlangt Zyankali. Der Apotheker mustert ihn streng und meint: "Sie wissen aber sicher doch. dass ich Ihnen das so ohne Weiteres nicht geben darf?" Der Mann öffnet seine Brieftasche, holt ein Foto seiner Angetrauten heraus

und legt es auf die Theke.
Der Apotheker wirft einen
Blick darauf und meint:"
„Entschuldigung, alles klar,
ich wusste nicht, dass Sie ein
Rezept dabei haben. Reicht
vielleicht schon eine
Doppelportion?"

Der Schupo in Köln sieht eine
alte Dame neben dem
Zebrastreifen über die Straße
tippeln. "Oma", ruft er, "Sie
müssen auf den Strich
gehen!" Oma entrüstet:" „Hab
ich nicht nötig. Ich hab ja
meine Rente und kriege
sogar noch eine Erhöhung!"

Die Ehefrau des hoch verschuldeten Rentnerehepaares will ihrem Mann für den angekündigten Besuch des Gerichtsvollziehers den Rücken stärken. „Wenn der Vollstreckungsbeamte kommt, dann zeig ihm aber mal die Zähne!" Der Ehemann wird bleich. „Um Gottes willen", meint er, „bloß nicht, sonst nimmt er die auch noch mit!"

Denkt die Krankenkassenangestellte: „Wenn die Rentner ohnehin kein Geld zum Heizen haben, brauchen Sie auch keine neuen Zähne zum Klappern."

Eine ältere Touristin fragt am Nordseestrand eine Gruppe Jugendlicher „Ich habe gehört, dass hier auch viele Wracks angeschwemmt werden. Stimmt das?" Antwort: „Nein, Sie wären das erste.!"

Verrücktes

Ein Rentner betritt ein Elektronikgeschäft, um sein Stereogerät reparieren zu lassen. Er will aber nicht mehr viel ausgeben und fragt: „Lohnt sich die Reparatur noch?" Der Fachmann: „Das weiß ich nicht so recht. Wie alt sind Sie denn?"

Ist Ihr Auto schon oft überholt worden?" fragt der Werkstattbesitzer die 70-jährige Autofahrerin. „Ja, sogar schon von Fußgängern."

Eine ältere Dame möchte einmal in ihrem Leben nackt durchs Altersheim flitzen. Nach langem Bitten erlaubt es ihr der Heimleiter endlich. Also rennt die Dame eines Tages durch die Gänge des Altersheims, vorbei an zwei älteren Herren. Meint der eine: "War das nicht die Hildegard?" Darauf der andere: "Weiß nicht, was trug sie denn für ein Kleid?" Der

Erste: "Ich konnte es nicht genau erkennen. Es war aber auf keinen Fall gebügelt!"

Treffen sich nach vielen Jahren zwei Rentner. Sagt der eine: "Sie haben sich aber verändert. Jetzt haben Sie schon sieben Falten im Gesicht!" Meint der andere: "Ja, wie man sieht, haben Sie sich besser gehalten. Sie sind immer noch so einfältig wie früher!"

Ein alter Mann will morgens splitternackt im See baden. Warnt ihn ein Angler: "An ihrer Stelle würde ich mir eine Hose anziehen. Um diese Zeit schnappen die

Fische hier schon nach dem kleinsten Wurm!"

Ein Tourist fragt den Bürgermeister eines kleinen Dorfes, ob das Klima - wie sich das rumgesprochen hätte - wirklich besonders gesund sei. „Da können Sie aber sicher sein", sagt dieser, „wir waren gezwungen, unseren ältesten Einwohner zu vergiften, um endlich den Friedhof einweihen zu können."

Drei grimmig aussehende Männer sind dabei, einen gefesselten Mann auf Eisenbahnschienen zu legen. Ein altes Mütterchen schaut interessiert und belustigt zu. Schließlich sagt sie achselzuckend. „Mich geht das ja nichts an, aber auf dieser Strecke ist schon seit 8 Jahren kein Zug mehr gefahren."

Die nicht mehr ganz frischen Rentner Hermann und Paul gehen mit ihren aus dem Leim gehenden Frauen spazieren. Nach einer Weile sagt Fritz zu Paul:" Du Paul deine Frau hat aber ein gewaltiges Hinterteil! " "Macht nichts" sagt Paul, „dafür hat sie innere Werte". Wenig später meldet sich Hermann wieder." Und O-

Beine hat deine Frau auch".
„Schwamm drüber", sagt
Paul erneut, „dafür hat sie
innere Werte". Hermann
kann sich immer noch nicht
beruhigen: "Und stottern tut
deine Frau auch noch!"
Paul erwidert erneut: "Das
macht nichts, dafür hat sie
innere Werte." Hermann ist
neugierig geworden und
fragt was das für "Innere
Werte" seien. Darauf Paul:
"Meine Frau hat Würmer und
die gebrauche ich zum
Angeln!"

Opa Erwin und Opa Franz
sitzen im Park auf der Bank
in der Sonne. „ Oh je"

jammert Erwin, „meine Füße sind eingeschlafen!". „Das geht ja noch" erwidert Franz, „ so wie sie stinken, dachte ich sie sind schon seit vier Wochen tot."

Frau Weber, woran ist eigentlich ihr Mann gestorben?" "An Grippe!" "Na, dann war es ja wenigstens nichts Ernstes!"

KLUGE

SPRÜCHE

....MIT „KLUGEN"
KOMMENTAREN

Wie alt man geworden ist,
sieht man an den Gesichtern
derer, die man jung gekannt
hat.   (Heinrich Böll)

☺   Hier kann schlechtes
Sehen - oder noch besser -
eine Demenz ein wahrer
Segen sein!

Die Jugend ist die Zeit, die
Weisheit zu lernen. Das Alter
ist die Zeit, sie auszuüben.
(J.-J. Rousseau)

☺   Ein starker Spruch!
Man muss die Weisheit echt
erworben haben und das
Umfeld sie auch ertragen
können !

Das Alter verklärt – oder
versteinert.
(Marie v. Ebner-Eschenbach)
☺   Schmuckstein: Ja,
Blasenstein, Nierenstein,
Gallenstein: Nein

Alter, du bist nicht alt an
Jahren, blühend aber ist
dein Geist.   (G. E. Lessing)
☺   Ja, der Geist zeigt
manchmal seltsame Blüten!

Die Menschen werden alt,
aber selten reif
(A. Daudet)
☺   Manche werden sogar
überreif und riechen
schlecht!

*Das Alter zerstört die
Hässlichkeit
(M. Walser)*

☺   *Ein Trost für alle
Senioren, die nicht Dressman
oder Model geworden sind!*

**Solange man neugierig ist,
kann einem das Alter nichts
anhaben. (B. Lancaster)**

☺   *Es lohnt sich also, z.B.
Spanner zu werden!*

**Kein kluger Mensch hat
jemals gewünscht, jünger zu
sein.**

(J. Swift)

☺   *Swift hat nicht alle
älteren Frauen und die
Tattergreise befragt!*

Die zehn schönsten Jahre
sind zwischen
zwanzig und fünfzig
(Brigitte Bardot)

☺ Man muss nur richtig
zählen können!

Im Alter wird man immer
knackiger
mal knackt`s hier, mal da
(Erfahrungssatz)

☺ Nur der Po wird leider
nicht knackiger.

'Im Alter bereut man vor
allem die Sünden, die man
nicht begangen hat.
(W. S. Maugham)

☺ Vielleicht kann man sie
nachholen, wie z.B.
Konsumrausch, Faulenzen,

Komasaufen, Orgien feiern!

Altwerden ist wie auf einen
Berg steigen. Je höher man
kommt, desto mehr Kräfte
sind verbraucht, aber umso
weiter sieht man"
(J.Bergman)
☺   Es fehlt nur die Brille von
Fielmann!

Alter schützt vor Torheit
nicht
(William Shakespeare)
☺   Aber man hat nicht mehr
soviel Zeit, sich darüber zu
ärgern wie junge Leute.

Alternde Frauen sind wie
Kathedralen, je älter man
wird, desto weniger fällt das

einzelne Jahr ins Gewicht.
(Agatha Christie)

☺ Je oller, je doller und im
Umfang voller!

Als wir jung waren, hat man
uns gelehrt, uns nach den
Älteren zu richten. Heute, wo
wir selber älter sind, sollen
wir auf die Jugend hören.
(W. Saroyan)

☺ Manchmal ist es aber
auch gut, wenn das
Hörgerät kaputt ist.

Alt werden und dumm
bleiben, das ist ein richtiges
Kunststück   (H. Kasper)

☺ Da hat man sich aber
nicht richtig umgesehen!

Viele beherschen dieses
Kunststück.

Ein Archäologe ist der beste
Ehemann, den eine Frau
haben kann; je älter sie wird,
um so mehr interessiert er
sich für sie.
(Agatha Christie)
☺ Heisser Tipp für Frauen,
die im Alter noch einen
feurigen Liebhaber
wünschen, der ständig
angräbt!

Man wird alt, wenn die Leute
anfangen zu sagen, dass
man jung aussieht.
(Karl Dall)

☺ *Auf dem Markt nennt man Oldies „Junger Mann," und „Junge Frau"!*

Es gehört zu den vielen Merkwürdigkeiten des Lebens, dass ein Mensch umso bissiger wird, je weniger Zähne er hat. (Stefan Heym)
☺ *Es fehlt eben der Weisheitszahn!*

Je länger der Mensch Kind bleibt, desto älter wird er. (Novalis)
☺ *Also: Man muss sich entsprehend verhalten z.B. blöde Fragten stellen, Roller fahren, Sackhüpfen, viel Lärm machen etc..*

154

Das Alter hat auch
gesundheitliche Vorteile:
Zum Beispiel verschüttet man
ziemlich viel von dem
Alkohol, den man trinken
möchte. (A. Gide)

☺   Sehr guter Trost! Man
muss sich daher immer
schonmal das Doppelte
eingiessen! Schließlich soll
Alkohol ja auch beruhigen.

„Nach den Jahren der Last
kommt die Last der Jahre"
(J.W.v. Goethe)

☺   Folgerichtig sollte man
also die stöhnbelasteten
Jahre ausdehnen, damit die
Alterslast klein bleibt!

Erzähle nicht, wie du mal
warst, sondern zeige, wie du
jetzt bist. (J. G. Herder)
☺ Für den tollen Hecht
oder deine Modelfigur von
früher interessiert sich
ohnehin niemand mehr.

Warum bekommt man Falten
im Gesicht - wo doch am Po
so viel Platz ist
(Gräfin Fito)
☺ Das sind die Launen der
Natur. Wenn das Gesicht wie
der Po aussähe, wäre das
auch nicht toll.

Ein leidenschaftlicher Greis
ist wie ein Gewitter im Winter
(Spruch aus Russland)

☺ Nicht die Hoffnung verlieren. Vielleicht zeigt sich nochmal ein Sturm im Wasserglas. Auch das Ungeheuer von Loss Ness wurde schon einmal gesichtet.

Wenn die Kinder aus dem Haus sind, wird der Ehemann erzogen (K.Klages)

☺ Also nix mit ruhig vor der Flimmerkiste beim Bierchen!!

Die Jungen laufen schneller, aber die Alten kennen die Abkürzungen (Spruch aus Sardinien)

☺ Hier zeigt sich für Oldies der Vorteil der späten Jahre.! Mit den vielen Erfahrungen hat man also nicht „den Kürzeren gezogen!

WIE MAN ALTE SO NENNT

FEINE UND UNFEINE AUSDRÜCKE

Reife Männer

Gruftie

Tattergreis

Alter Knacker

Alter Sack

Alter Knabe

Oldie

Mümmelgreis

Alter Gockel

Alter Haudegen

Komposti

Alter Bock

Oppa

Kukidentier

Graumütze

Altes Semester

Moderkopp

Jubelgreis
„Junger Mann"

Reife Frauen

Omma
Ommachen
Alte Schachtel
Matrone
Alte Fregatte
Alter Besen
Auslaufmodell
Alte Juffer
Ahl Hex
„Junge Frau"

FRECHE

BEMERKUNGEN

ALS OLDIE

MIT UND

OHNE HUMOR

Paargespräche

Ältere Paare haben oft Gesprächsdefizite. Alles ist bereits gesagt und der Alltag bringt nicht viel Neues. Sich gegenseitig zu „picksen" kann dagegen etwas Pfeffer im Zusammenleben bringen. Hier einige Beispiele und „Anregungen".

☹ Mann zu Frau

Früher hast du viel besser ausgesehen. Geh doch mal zum Kosmetiker!

○

Auch in deinem Alter kann man noch neue Rezepte ausprobieren. Du kochst

immer dasselbe wie meine
Mutter!

o

Fettabsaugen ist mittlerweile
nicht mehr so teuer. Mit
deinem Bauchspeck könnte
man ein großes Grillfest
bestreiten!

o

Wie hieß noch mal die gut
aussehende Frau auf der
letzten Einladung von
Müllers? Die hatte ja einen
tollen Charme!

o

Warum vergisst du alles so
schnell. Das ist ja noch
schlimmer als bei Frau ....

.. ach, sag mal, wie heißt
die noch mal, die uns
gestern besucht hat?

○

Ist dir das Parfüm
ausgegangen?

○

Du redest ständig wie ein
Wasserfall! Darf ich auch
mal etwas sagen?

○

Ich hab gelesen, dass
Frauen und Männer nicht
zusammenpassen!
Auch ich wäre besser
Junggeselle geblieben!

○

Meinst du, dass Hormone bei
dir helfen könnten?

○

Ein Tag ohne dich wäre wie
ein Monat Urlaub!

○

☹ *Frau zu Mann*

Was willst du heute machen
oder etwa nur in der Bude
rumhocken?

○

Andere Männer sitzen nicht
immer vor der Glotze.
- tu doch mal was!

○

Wie siehst du denn schon
wieder aus??

Zieh dich doch mal richtig an. So kann man sich doch nicht zeigen!

o

Trink nicht so viel. Dein Bauch hängt schon durch!

o

Der Norbert hat sich gut gehalten. Ist der nicht sogar älter als du?

o

Du pinkelst ewig daneben! Pass doch auf und mach im Damensitz!

o

Du könntest im Haushalt auch mal mehr anpacken!

Gespräche im Umfeld

☹ Vor jungen Leuten

Was wissen Sie denn schon?
Werden Sie erstmal so alt
und erfahren wie Ich, Sie
Grünschnabel!

☹ Beim Finanzamt

Entschuldigen Sie die
fehlenden Angaben. Die
Einnahmen sind so niedrig,
weil ich niedrigen Blutdruck
habe und nicht mehr alles
auf die Reihe kriege.
Außerdem habe ich in einem
Alter genug Steuern gezahlt.

☹ Im Restaurant

Mein Gebiss ist kaputt und ich will daher den Kinderteller.

☹ Vor Schlange im Supermarkt

Lassen Sie mich vor. Ich nässe sonst ein, dann haben Sie alle was davon!

☹ In einer besetzten Bahn

Stehen Sie junger Mann mal auf. Mit meinen Knochen kann ich noch nicht einmal das Sportabzeichen machen.

Gut gemeinte Ratschläge

- Wenn Sie gerne alleine in Ruhe sein wollen: Stellen Sie die Schlager aus ihrer Jugend auf laut, wenn jüngere Semester bei Ihnen sind. Verteufeln Sie laut das moderne „Gedudel" von heute.!
- Wenn Sie etwas zu vererben haben, erwähnen Sie häufig, dass Sie oft bei Rot über die Ampel gehen. Die Erben lohnen es Ihnen!
- Sprechen Sie nie über eigenes Unwohlsein; fragen

Sie dagegen nach dem
Wohlergehen ihrer Lieben!

◆ Haben Sie für alles
Verständnis und vermeiden
konträre Meinungen!

◆ Verzichten Sie zugunsten
der Nachkommen auf
Urlaub und
Neuanschaffungen!

◆ Geben Sie keinerlei „kluge"
Erziehungsratschläge!

◆ Spielen Sie Lotto und sagen
allen Freunden, Verwandten
und Bekannten, dass Sie den
Gewinn großzügig verteilen
werden!.

◆ Sagen Sie ganz einfach „Das
Leben ist nur
noch mit Humor zu
ertragen!"

Buchempfehlung

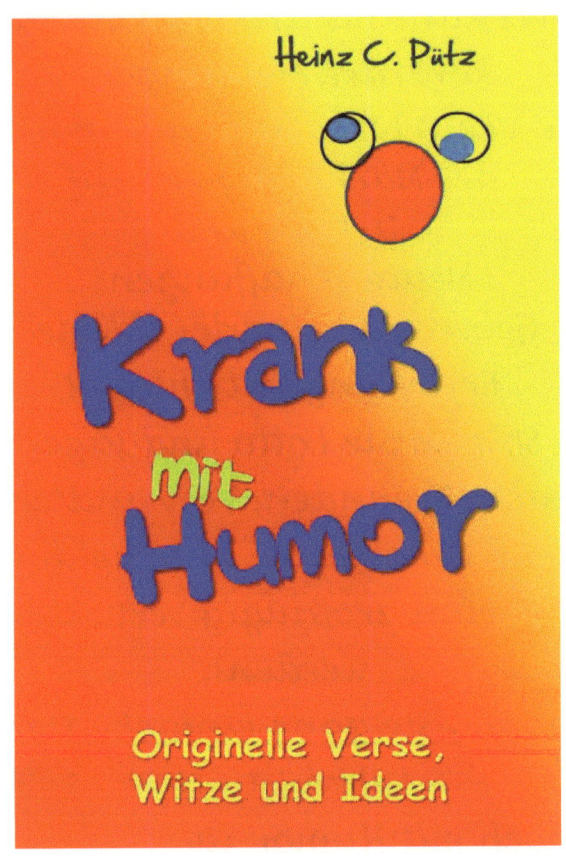

Heinz C. Pütz

Krank mit Humor

Originelle Verse, Witze und Ideen